AF463248

NOTICE

SUR FEU

M. L'ABBÉ GEORGEL,

ANCIEN GRAND-VICAIRE

De M. le Cardinal Louis de Rohan, Chargé d'affaires et Secrétaire d'ambassade à Vienne, etc.

Par M. P...,

Membre correspondant de la Société royale des Antiquaires de France et de l'Académie de Nanci.

PARIS,

ALEXIS EYMERY, Libraire, rue Mazarine, n°. 30.

1817.

MÉMOIRES

POUR SERVIR

A L'HISTOIRE DES ÉVÉNEMENS

DE LA FIN

DU DIX-HUITIÈME SIÈCLE

DEPUIS 1760 JUSQU'EN 1806—1810;

PAR FEU M. L'ABBÉ GEORGEL.

CONDITIONS.

L'ouvrage paraîtra en trois livraisons de 2 volumes in-8°. chacune.

La première livraison contiendra : Histoire de l'abolition des Jésuites. — Dernières années du règne de Louis XV. — Commencement du règne de Louis XVI jusqu'à l'assemblée des notables. — Procès du fameux collier. — Commencement de la révolution française.

La deuxième livraison contiendra la suite de la révolution française.

La troisième : Suite de la révolution. — Fin des Mémoires. — Voyage de l'abbé Georgel à Saint-Pétersbourg.

Le prix des trois livraisons sera de 28 francs pour les souscripteurs, et de 36 francs pour les non-souscripteurs. La première livraison paraîtra le premier novembre, et l'on sera admis à souscrire jusqu'au 15 du même mois, après quoi les souscriptions ne seront plus reçues. Tout l'ouvrage, composé de six volumes in-8°., sera mis en vente le premier janvier prochain.

On ne paiera rien d'avance : il suffira de souscrire par écrit chez M. Alexis EYMERY, libraire, rue Mazarine, n°. 30, à Paris, et chez les libraires des départemens et de l'étranger.

NOTICE

SUR FEU

M. L'ABBÉ GEORGEL.

M. l'abbé Georgel, jeté par le hasard dans le vaste tourbillon du grand monde, a joué un rôle assez marquant, quoique secondaire, sur ce théâtre mobile, et son nom se trouve lié aux événemens qui assurent une longue célébrité à l'époque mémorable de la fin du dix-huitième siècle. Les mémoires, précieux pour l'histoire de son temps, qu'il a légués à ses contemporains, lui donneront peut-être aussi à lui-même une place dans leur souvenir, et alors une esquisse rapide des principales circonstances de sa vie, ne pourra qu'intéresser les lecteurs : elle les préparera aux confidences qu'il va leur faire. C'est dans cette vue que nous allons essayer de la tracer.

Jean-François Georgel est né le 29 janvier 1731, à Bruyères, département des Vosges. Ses parens, quoique peu favorisés des dons de la fortune, mirent tous leurs soins à lui procurer une excellente éducation. L'éclat de ses premières études fixa sur lui l'attention des jésuites, ses maîtres; et, suivant leur politique accoutumée, ils ne négligèrent rien pour s'emparer de son esprit.

Leurs efforts pour le faire entrer dans leur ordre réussirent au gré de leurs désirs : il y fut admis fort jeune, et, pendant dix-huit ans, il professa avec succès les humanités et les mathématiques dans leurs colléges de Pont-à-Mousson, Dijon et Strasbourg. C'est dans cette dernière ville que sa réputation le fit remarquer du prince Louis de Rohan, coadjuteur du prince-évêque, son oncle; et en 1762, c'est-à-dire à la dissolution de la compagnie de Jésus, ce prélat se l'attacha particulièrement et l'investit de toute sa confiance. L'abbé Georgel y répondit par un grand dévouement dont il a donné des preuves non équivoques dans plusieurs circonstances critiques. Ce prince, pour le récompenser de son attachement, le combla de bienfaits en lui confiant d'abord la dignité de grand-vicaire de l'évêché de Strasbourg et de la grande-aumônerie de France, en le faisant ensuite nommer administrateur de l'hôpital des Quinze-Vingts, prieur de Ségur, en Auvergne, etc.

La première circonstance notable où l'abbé Georgel eut occasion de faire preuve de zèle en faveur de son protecteur, fut la dispute pour la préséance qui s'éleva entre les ducs et pairs de France et les trois maisons de Lorraine, de Rohan et de Bouillon. Les prérogatives et les distinctions dont ces trois maisons jouissoient à la cour, blessoient la fierté des ducs et pairs qui prétendoient ne devoir être précédés que par la famille royale et les princes du sang. Voulant donc faire disparoître cette ligne de démarcation, et revendiquer les anciens droits de la pairie, ils présentèrent à Louis XV un mémoire qui attaquoit spécialement la maison de Rohan et dans lequel on lui contestoit son origine, qu'elle fait descendre de la maison souveraine de Bretagne. Ce mémoire, fort bienfait, embarrassa le monarque qui voyoit que l'opinion publique, et surtout la cour, sembloit être favorable aux ducs et pairs. Il fit part de sa perplexité au maréchal prince de Soubise, et l'engagea à conseiller à sa famille de répondre au mémoire, et de prouver la certitude de son origine souveraine. L'abbé Georgel fut chargé de ce travail; il s'en acquitta avec le plus grand talent, et démontra, de la manière la plus évidente, la descendance de la maison de Rohan des anciens souverains de Bretagne. Le succès de son livre, qui fut présenté au roi, assura à cette maison les prérogatives dont elle étoit en possession.

Pendant cette querelle, aujourd'hui presque sans intérêt, mais qui fit grand bruit dans le temps, le duc de Choiseuil eut la maladresse de se faire expulser du ministère par une femme qu'un peu de prévenance auroit attachée à son char, et que par respect pour son maître, et son bienfaiteur, il auroit dû épargner davantage (1).

(1) On a attribué à des sentimens de délicatesse la haine de M. de Choiseuil contre madame du Barry. Mais le courtisan qui avoit fléchi le genou devant la marquise de Pompadour, valant, à tout considérer, infiniment moins que madame du Barry, pouvoit bien témoigner quelques égards à une femme, à la vérité, peu digne d'un grand respect, mais que le seul sentiment des convenances commandoit de ne pas livrer à des railleries insultantes dont il étoit bien difficile que les fâcheux effets ne retombassent pas sur son royal amant. Au reste, la caricature que le parti Choiseuil a fait faire de madame du Barry, par les chansonniers et les pamphletaires du temps, n'est aucunement ressemblante au vrai portrait de cette dame qui avoit reçu une certaine éducation, qui avoit de l'esprit, des grâces, une beauté éclatante, et surtout un excellent cœur. L'abbé Georgel, qui n'aimoit pourtant pas le duc de Choiseuil, parle de madame du Barry, dans ses mémoires, avec les préjugés répandus dans le public par le parti de ce ministre. J'ai vu plusieurs personnes

Le duc d'Aiguillon, son antagoniste, fut chargé du portefeuille des affaires étrangères. Ce nouveau ministre voulant donner de l'éclat à son ministère, et écarter de l'ambassade le baron de Breteuil, créature du ministre disgracié, résolut d'y faire nommer le prince Louis de Rohan. Une belle figure, une élocution facile, un esprit vif et fécond, beaucoup d'élégance dans les manières, toutes ces brillantes qualités rehaussées encore par l'éclat d'une illustre naissance; que falloit-il de plus pour rendre ce prince digne de remplir cette honorable et importante fonction? Mais la difficulté étoit de le déterminer à l'accepter; et pour la lever, M. d'Aiguillon s'étoit adressé à M. de Beaumont, archevêque de Paris, pour qui le prince Louis avoit les égards et la déférence dus à ses hautes vertus. Ce respectable prélat qui honoroit l'abbé Georgel de sa bienveillance, et qui connoissoit son influence sur le prince, son protecteur, le chargea de sonder ses dispositions sur les vues du ministre. Mais un refus bien formel fut sa réponse, et ce refus étoit motivé sur sa répugnance à déplacer le baron de Breteuil, sur l'espèce d'incompatibilité de cette mission avec les prérogatives auxquelles prétendoit la maison de Rohan, comme issue des anciens ducs de Bretagne; enfin sur son peu d'aptitude à la carrière diplomatique dont les études qu'elle exige n'étoient point entrées dans le plan de son éducation. L'abbé Georgel fut chargé de faire connoître ce refus ainsi motivé à M. de Beaumont; et le duc d'Aiguillon qui en fut aussitôt instruit, et qui, par des vues particulières, plutôt que par intérêt pour le prince, désiroit le porter à cette place, voulut s'aboucher avec lui, et

---

qui l'ont connue particulièrement, et qui en ont conservé une toute autre idée.

il fut convenu avec M. l'archevêque qu'une entrevue, où il seroit appelé, auroit lieu à Conflans, maison de campagne de l'archevêché de Paris. Rien ne fut négligé dans cette conférence par MM. de Beaumont et d'Aiguillon, pour déterminer M. le coadjuteur à se prêter aux désirs du ministre. Le prince Louis céda enfin à leurs sollicitations ; et il est permis de croire qu'il se laissa prendre à l'appât de belles promesses que le duc d'Aiguillon ne se pressa pas ensuite de réaliser. Quoi qu'il en soit, il fut aussitôt revêtu du titre d'ambassadeur extraordinaire, et, dans le même travail, l'abbé Georgel fut nommé secrétaire d'ambassade. Le baron de Breteuil qui se voyoit arrêté dans la carrière de l'ambition et des honneurs, voua, dès ce moment, une haine implacable au prince coadjuteur, haine qu'il fit rejaillir plus d'une fois sur son protégé, et que des malheurs communs n'ont pu même assoupir (1). C'est dans la malheureuse affaire du collier qu'on la verra éclater avec fureur et produire l'explosion la plus terrible.

Le prince Louis, qui aimoit naturellement la magnificence, fit d'immenses préparatifs et des dépenses exorbitantes pour le train de sa représentation à Vienne. Tout y étoit vraiment magnifique, et rien n'avoit été négligé pour lui donner le plus grand appareil ; on peut en juger par le temps seul qu'on mit à ces apprêts ; ils

---

(1) Cette haine étoit si envenimée, que le baron de Breteuil, pendant l'émigration, présenta à la cour de Vienne une note très-virulente contre l'abbé Georgel, prétendant qu'il s'occupoit de la rédaction de mémoires dans lesquels la réputation de la reine Marie-Antoinette devoit être compromise. Cette note n'atteignit pas le but du baron, qui étoit de troubler la sûreté et la tranquillité de l'abbé dans les Etats autrichiens ; et ladite note lui ayant été communiquée pour y répondre, il n'eut pas beaucoup de peine à détruire les mauvaises impressions que l'on cherchoit à donner contre lui.

durèrent trois à quatre mois. L'abbé Georgel sut mettre à profit ce temps précieux, pour s'initier dans les mystères de la diplomatie, étude à laquelle il avoit été jusqu'alors étranger. Il s'enfonça dans les bureaux et le dépôt des affaires étrangères ; il y travailla assidûment, et y recueillit tous les documens et les instructions qui lui étoient nécessaires pour l'exercice de ses nouvelles fonctions. Il devoit aussi avoir pour guide à Vienne, l'ancien envoyé près de cette cour, M. Durand, vieux diplomate blanchi sous le harnois. Mais la source la plus abondante d'instructions où il devoit puiser, c'étoit dans les mémoires de l'immortel Favier, qui avoient été communiqués au prince ambassadeur. Il étoit d'ailleurs lié avec cet oracle de la politique moderne, qui a pu également lui donner, de vive voix, des notions sur son nouvel état (1).

M. l'ambassadeur et son secrétaire arrivèrent à Vienne dans le courant de janvier 1772. Ils furent accueillis de la manière la plus distinguée par Marie-Thérèse et son fils Joseph II. Le fameux prince de Kaunitz, premier ministre, leur fit pareillement beaucoup d'accueil.

---

(1) Cet homme, d'un talent si rare, ce diplomate si éminemment français, mal apprécié et même persécuté pendant sa vie, a été oublié depuis sa mort par nos biographes, quoiqu'il soit auteur d'une foule d'écrits qui sont vraiment, dans leur genre, des ouvrages classiques. Le libraire Buisson en avoit publié quelques-uns, en 1793, sous le titre de *Politique de tous les cabinets de l'Europe*, etc., et dans une seconde édition qu'il en donna, M. de Ségur les enrichit de notes. Mais beaucoup d'autres sont restés inédits ; ils avoient passé en la possession de feu l'abbé Soulavie, ce grand *manipulateur* de politique et d'histoire. Quand on considère que nul diplomate n'a plus invariablement que Favier consacré ses talens à faire prévaloir les intérêts de son pays, on est étonné ; on ne sait comment expliquer l'injuste indifférence qui en a été tout le prix.

L'abbé Georgel en fut particulièrement bien reçu, parce qu'il avoit été recommandé à ses bontés par la célèbre madame Geoffrin, son amie. Cette dame, si connue par sa belle ame et le noble usage qu'elle faisoit de ses richesses, réunissoit dans sa maison tout ce que la ville, la cour et l'étranger avoient de plus grand. Des princes et des rois s'y trouvoient rassemblés avec des philosophes, des hommes de lettres et des artistes. Gustave III, roi de Suède, et Stanislas Poniatowski, dernier roi de Pologne, avoient fréquenté cette société, et conservoient pour madame Geoffrin, avec qui ils étoient en relation épistolaire, beaucoup d'estime et d'amitié. Le prince de Kaunitz, pendant son ambassade à Paris, s'étoit également lié avec elle, et en avoit conservé les souvenirs les plus affectueux. L'abbé Georgel, en quittant le cloître, lancé dans un monde nouveau et inconnu pour lui, eut le bonheur de rencontrer cette excellente femme qui se chargea, comme elle le disoit, *de faire son éducation*. C'est là où il puisa cette noble aisance que l'on n'acquiert que dans le grand monde; c'est là qu'il forma, ainsi que dans la maison de Rohan, ces belles connoissances parmi tout ce que le clergé, la noblesse, la magistrature, avoient de plus élevé.

L'ambassade si splendide du prince Louis étoit une suite de fêtes qui réunissoient tout ce que la haute société de Vienne avoit de plus élégant en hommes et en femmes. Toute cette pompe mondaine contrastoit un peu avec son caractère épiscopal, et déplaisoit à la rigide Marie-Thérèse. Elle lui fit témoigner poliment l'improbation qu'elle donnoit à un pareil genre de vie. Malheureusement il ne tint pas grand compte de cet avertissement. Mais un sujet plus réel de mécontentement pour cette princesse, c'étoit l'éveil que l'ambassadeur ne cessoit de donner à la cour de Versailles concernant l'odieuse connivence du cabinet de Vienne avec ceux de Berlin et de

Pétersbourg pour le partage de la Pologne. Elle dut surtout être irritée au dernier point d'une lettre livrée imprudemment par le duc d'Aiguillon à madame du Barry, lue et commentée malicieusement par cette dernière dans un de ces soupers voluptueux de Louis XV, auxquels le respect pour la majesté royale empêche de donner un autre nom. Dans cette lettre, la reine de Hongrie étoit représentée ayant un mouchoir d'une main pour essuyer ses pleurs, et de l'autre saisissant le glaive co-partageant qui devoit lui assurer la troisième part dans ce brigandage (1). Un courtisan, ennemi de M. de Rohan, qui étoit à ce souper, ne manqua pas d'en instruire madame la dauphine, Marie-Antoinette; elle en fut indignée, et s'imagina que le prince étoit en correspondance avec la maîtresse du roi (2). Voilà l'origine de son aversion insurmontable pour ce prélat, et de tous les malheurs qui en ont été la suite. Ces circonstances expliquent assez pourquoi il ne fut point maintenu dans son ambassade après la mort de Louis XV. Mais ce qui doit surprendre davantage, c'est qu'au moment fatal où le scandale politique du partage de la Pologne fut donné au monde civilisé, le duc d'Aiguillon, honteux d'avoir été la dupe de l'astuce autrichienne, ait cherché à en rejeter sourdement la cause sur l'ambassadeur, tandis que ce dernier n'avoit cessé de lui faire part de ses idées et de ses découvertes

---

(1) On fit en Pologne, à ce même sujet, des caricatures un peu plus indécentes contre Catherine II; impuissante vengeance d'un peuple opprimé, qui, à défaut d'armes, employoit le burin des graveurs et la plume des écrivains pour flétrir ses oppresseurs. Il est permis d'espérer que l'empereur Alexandre fera oublier à cette brave nation l'injuste tyrannie dont elle a été victime.

(2) C'est un préjugé qui existe encore, et qui se trouve consigné dans un ouvrage publié nouvellement.

sur ce projet, si funeste aux intérêts de la France (1). L'abbé Georgel le venge complètement dans ses mémoires de cette perfide insinuation, et il prouve que si quelqu'un a des torts à se reprocher dans cette malheureuse circonstance, c'est assurément M. d'Aiguillon, qui avoit la bonhomie de se laisser abuser par les trompeuses démonstrations de la cour d'Autriche, et les fausses assurances que lui donnoit le comte de Mercy, son ambassadeur à Paris, et les rapports de M. Durand, lui-même trompé.

L'abbé Georgel, le grand ressort de cette ambassade, et qui en supportoit seul presque tout le poids, eut le bonheur de faire la découverte d'un inconnu qui lui assignoit des rendez-vous nocturnes, et qui, moyennant quelques centaines de ducats, lui procuroit, deux fois la semaine, la copie de toutes les dépêches secrètes des cours étrangères que le cabinet de Vienne se procuroit par l'infidélité des maîtres de postes des frontières. C'étoit là un véritable trésor politique. Il s'empressa de le communiquer à la cour de France qui complimenta l'ambassadeur sur cette précieuse découverte, parce qu'elle jetoit un grand jour sur les secrets diplomatiques de l'Europe. C'est par cette voie qu'il eut connoissance de la correspondance secrète de Louis XV avec ses ministres et ses agens dans les cours étrangères, correspondance d'abord dirigée par le prince de Conti, ensuite par le comte de Broglie, secondé par son secrétaire Favier. Les détails qu'il donne à ce sujet dans ses mémoires sont très-intéressans.

Après le départ du prince Louis, il fut chargé des

---

(1) Ce faux jugement sur le prince Louis s'est tellement accrédité, que ceux de nos écrivains qui ont commencé à écrire les événemens de ces derniers temps, tels que MM. Lacretelle, de Levis, etc., en parlent comme d'une vérité. D'autres en parleront de même, et voilà comme s'écrit l'histoire.

affaires de France jusqu'à l'arrivée du nouvel ambassadeur, ce qui prolongea d'une année son séjour à Vienne. Pendant cet *interim* il continua de servir avec le même zèle le gouvernement dont il étoit l'envoyé. L'inconnu ne cessa d'être fidèle à ses rendez-vous nocturnes, et la transmission des dépêches à lui communiquées, lui valut une lettre de félicitations du nouveau ministre des affaires étrangères, le comte de Vergennes qui lui mandoit que sa majesté attachoit le plus grand prix à la continuation de cette correspondance, service le plus décisif pour obtenir les grâces du roi. Le nouveau ministère lui témoigna aussi le désir d'avoir un tableau statistique bien détaillé de la monarchie autrichienne, ainsi que l'état politique de ses relations avec les cours de Berlin, de Pétersbourg et de Constantinople. Ces tableaux furent dressés, envoyés et lus au conseil du roi. L'intérêt avec lequel ils y furent accueillis valut à leur auteur les marques particulières de confiance dont l'honorèrent à son retour MM. les comtes de Maurepas, du Muy et de Vergennes. Il sut conserver l'estime et la bienveillance de ces ministres jusqu'à leur mort; aussi le haut crédit dont il jouissoit auprès d'eux, et surtout auprès du comte de Maurepas, lui procura-t-il une sorte de clientelle parmi les grands seigneurs de la cour. Mais s'il laissa pénétrer jusqu'à son cœur quelques-unes de ces illusions qui flattent l'homme en crédit, quand il se voit recherché par les personnages du premier rang, il put aussi, par compensation, s'apercevoir bientôt des dangers qui menacent l'imprudent engagé dans ce terrain mouvant où de cruelles épines ne tardent pas à succéder à l'éclat imposteur de quelques fleurs passagères. A la suite de sollicitations en faveur du comte de Broglie, et pour quelques propos épanchés avec l'effusion d'une intime confiance, il eut le désagrément de se voir enveloppé dans une procédure, du labyrinthe de laquelle il sortit triomphant, autant par son crédit et ses talens que par la justice de sa cause. Comme cet événement forme, en quelque sorte, un épisode remarquable de sa vie, nous croyons devoir en parler avec quelques détails.

Lors de la guerre d'Amérique, en 1778, le gouvernement français eut le projet, ou plutôt la velléité de faire une descente en Angleterre : il ordonna, en conséquence, la formation d'une armée de soixante mille hommes sur les côtes de la Normandie. Le maréchal de Broglie qui s'étoit illustré par de hauts faits d'armes dans la guerre de sept ans, en eut le commandement. Son frère, le comte de Broglie, militaire aussi très-distingué, mais encore plus connu comme diplomate que comme guerrier, fut proposé par lui pour remplir la place de maréchal-général-des-logis de cette armée. Malheureusement il fut refusé, et malgré diverses tentatives de son frère le maréchal pour le faire nommer, le roi resta inébranlable dans sa résolution. Le comte, affecté et humilié d'un pareil refus, imagina qu'il ne pouvoit provenir que d'une antipathie du premier ministre, le comte de Maurepas, à son égard ; et comme il savoit que l'abbé Georgel étoit parfaitement bien avec ce ministre, il le fit sonder par plusieurs amis communs, dans la vue d'obtenir, par son canal, la certitude de ce qu'il imaginoit. L'abbé, qui ne se doutoit nullement du but de ces prétendus amis qui avoient l'air d'invoquer sa protection en faveur du comte de Broglie, s'ouvrit avec un peu trop de confiance, et dit à peu près ce qu'il savoit sur les motifs probables de son exclusion de la place qu'il désiroit. Il répéta ce qu'il avoit appris par ouï-dire, non de M. de Maurepas lui-même, mais d'un M. de Limon, « que le comte de Broglie avait écrit une lettre au maréchal son frère, pour l'engager à profiter de sa position pour tâcher de culbuter le ministère. » Ces confidences, rapportées au comte de Broglie, ne lui parvinrent qu'altérées et dénaturées, mais il saisit avec empressement le moyen qu'il y crut trouver de prendre l'avantage sur le ministre ou sur son protégé. Il dressa, en conséquence, une plainte au criminel, dans laquelle il accusoit l'abbé Georgel d'avoir été non-seulement le colporteur, mais encore le fabricateur de la lettre qu'il lui imputoit. Cette affaire fut d'abord portée au Châtelet où l'abbé subit un interrogatoire sur des questions très-artistement et très-méchamment posées. Ces questions, ainsi que la plainte, fort bien motivée, avoient été rédigées par les célèbres avocats Target et Élie de Beaumont. L'accusé ne pouvoit que se fourvoyer dans ce labyrinthe de piéges, s'il n'avoit pas eu pour le diriger un vieux procureur très-rusé, nommé Desjobert, que lui avoit indiqué M. de Maurepas. Dès la première question, d'après l'avis de l'habile praticien son conseil, il dicta et développa, pendant deux heures, la chaîne des faits et des *ouï-dire* avec l'exposé de sa conduite envers son accusateur et les personnes qui avoient cru devoir lui révéler les entretiens qu'elles avoient dû à sa confiance en elles. Par ce moyen il répondoit à toutes les questions insidieuses, sans crainte de se compromettre ou de se contredire; et quant aux autres questions, il se bornoit simplement à dire : *Répondu par tel numéro.* Resté seul avec le commis-greffier pendant la rédaction de la première réponse, il s'arrangea pour avoir copie de la plainte, des questions, des réponses et des dépositions des témoins (1). Muni de toutes ces pièces,

---

(1) C'est avec des argumens, que Beaumarchais appelle *irrésistibles*, qu'il obtint ces pièces si essentielles à sa défense et à la rédaction d'un mémoire qu'il projetoit; ce qui prouve que le greffe du Châtelet pouvoit s'ouvrir comme toutes les autres portes, avec une clef d'or.

il interjeta appel au parlement du décret de *soit ouï*, qui, par le crédit de ses adversaires, pouvoit être converti par le Châtelet en un décret ignominieux d'ajournement personnel. Cet appel fut un coup de massue pour le comte de Broglie qui auroit bien voulu ne pas avoir entamé ce procès, mais qui, dans l'état où en étoient les choses, ne pouvoit plus reculer. M. Tronçon-Ducoudray, jeune avocat de la plus belle espérance, fut chargé de la plaidoirie, d'après le refus de Target dont il étoit l'élève (1). Un autre jeune homme non moins éloquent, M. Debonnières, lui fut opposé. Tous deux firent preuve de beaucoup de talent, et le public s'arrachoit les mémoires qui paroissoient dans cette affaire. Enfin, après six grandes audiences où l'avocat-général Séguier avoit porté la parole avec cette éloquence qu'il savoit si bien faire briller dans les causes d'apparat, il intervint un arrêt qui déchargea l'abbé Georgel de l'accusation intentée contre lui, déclara calomnieux les mémoires du comte de Broglie, et le condamna pour toute réparation en vingt livres de dommages-intérêts applicables au pain des pauvres, et à tous les dépens, avec l'impression de l'arrêt.

Cette affaire, qui ne méritoit pas tant d'éclat, puisque tout le crime de l'accusé se réduisoit à des propos fondés sur des *ouï-dire* fugitifs dont il n'avoit été que l'écho, attira toute la cour et la ville à l'audience. Plusieurs ambassadeurs étrangers s'y trouvèrent. Le comte de Broglie, qui y assistoit, eut le déplaisir d'entendre le public applaudir aux conclusions de M. de Séguier et au prononcé de l'arrêt. Enfin ce fut un vrai triomphe

(1) C'est ce même avocat que nous avons vu si éloquent dans l'affaire du comité révolutionnaire de Nantes, et qui, par suite du 18 fructidor, est allé expirer sur les plages brûlantes de la Guiane. Il a été l'un des défenseurs de Marie-Antoinette au tribunal révolutionnaire, d'exécrable mémoire.

pour l'abbé Georgel qui reçut ce jour-là et les suivans les félicitations des personnages les plus éminens en dignité, et particulièrement de tous les ministres MM. de Maurepas, de Montbarrey, de Vergennes, de Sartines et Amelot. On lui adressa même des lettres de compliment de Pétersbourg, Vienne, Berlin, Stockholm, etc. (1).

L'abbé Georgel, qui déjà par lui-même jouissoit en cour de la faveur la plus grande, participoit aussi aux grâces dont on ne cessoit de combler son patron, malgré l'aversion constante de la reine; car, depuis son retour de Vienne, le prince Louis avoit été nommé successivement grand-aumônier de France, évêque de Strasbourg, cardinal, abbé de Saint-Waast, proviseur en Sorbonne, et administrateur de l'hôpital des Quinze-Vingts. L'abbé Georgel, en qualité de grand-aumônier du prince-évêque, étoit chargé de tous les détails attachés à ces dignités, ce qui multiplioit ses rapports avec les grands et augmentoit encore son crédit. Mais une catastrophe prochaine devoit faire tomber du faîte des grandeurs son puissant protecteur, et entraîner le protégé dans sa chute.

Le cardinal de Rohan, au comble des honneurs et des dignités, n'avoit plus qu'un désir, c'étoit de récupérer les bonnes grâces de la reine, qu'il avoit perdues par la lettre mordante, quoique véridique, qu'il avoit écrite sur Marie-Thérèse, et par des propos indiscrets que des courtisans aussi méchans que jaloux lui imputoient. Pour parvenir au but qu'il désiroit, il acheta un collier d'un grand prix, pour en faire hommage à cette princesse, sur la trompeuse incitation de la plus fourbe et de la

(1) Le malin Linguet rendit compte de cette affaire avec sa causticité ordinaire, et n'épargna pas le comte de Broglie, qui, malgré cette mésaventure, n'en étoit pas moins un homme fort estimable à qui la postérité rendra un jour justice.

plus intrigante des femmes, qui, voulant s'approprier ce collier, lui fit accroire que la reine le désiroit, et que, par son entremise, cette princesse daigneroit agréer ce précieux cadeau. De cette intrigue est sorti ce singulier procès qui a retenti dans toute l'Europe, et dans lequel on a vu figurer un prince de l'église, arrêté en pleine cour revêtu de ses habits pontificaux, conduit à la Bastille, et traduit au parlement pour être jugé comme faussaire et coupable du crime de lèse-majesté.

Depuis quelque temps l'abbé Georgel, qui désapprouvoit les liaisons inconvenantes du cardinal avec madame de la Motte, Cagliostro et d'autres intrigans semblables, s'étoit insensiblement éloigné de ce prince; il n'étoit plus son confident, et ne le voyoit absolument que pour lui soumettre son travail de grand-vicaire. Mais lorsqu'il vit son bienfaiteur malheureux, ce fut alors que le plus vif intérêt se réveilla dans son ame généreuse, qu'il sentit renaître dans son cœur ce profond attachement que des torts passagers avoient altéré; ce fut alors qu'il lui montra le plus grand dévouement, et qu'il mit en usage tous les moyens qui étoient en lui pour le tirer de l'abîme où son imprudence l'avoit précipité.

Il s'aboucha d'abord avec les deux célèbres avocats qui furent employés dans cette cause; les aida à débrouiller le chaos qui l'obscurcissoit, et y jeta le plus grand jour, lorsqu'il fut parvenu à découvrir et à faire paroître sur la scène, les habiles fripons qui avoient ourdi avec madame de la Motte la trame infernale dans laquelle ils vouloient envelopper leur victime. Nous renvoyons à ses mémoires le lecteur curieux de suivre le développement de ce drame intéressant traité avec l'énergie que demande le sujet. Cette partie des mémoires est peut-être la plus attachante, et si l'auteur n'a pas déchiré tout à fait le voile qui a couvert jusqu'alors cette mystérieuse affaire, on peut dire qu'il en a soulevé

2

autant qu'il étoit nécessaire pour éclairer et fixer l'opinion.

Ce scandaleux procès, qui n'a pas peu contribué à accélérer la révolution, avoit pour principal moteur le baron de Breteuil, charmé de cette circonstance pour assouvir une haine très-animée et très-invétérée contre le cardinal. Il vouloit aussi envelopper dans la même proscription l'abbé Georgel qu'il détestoit non moins cordialement depuis l'ambassade de Vienne; mais les autres ministres, et la reine elle-même, s'opposèrent à son arrestation, en assurant que depuis plusieurs années il n'existoit plus de relations intimes entre lui et le cardinal de Rohan. Néanmoins, pour comprimer son zèle et les efforts par lesquels il préparoit une issue favorable à la cause de son protecteur, le baron de Breteuil parvint, par une lettre de cachet, à l'éloigner de Paris et à le faire exiler à Mortagne, dans le Perche. Cet acte arbitraire avoit pour prétexte le fameux mandement de carême publié par l'abbé Georgel en sa qualité de grand-vicaire de la grande-aumônerie, dans lequel plusieurs allusions avoient déplu à la cour (1). Malgré toutes ces menées, le cardinal de Rohan fut absous par le parlement; mais, en dépit de ce jugement, le roi lui ôta la grande-aumônerie de France, ainsi que le cordon bleu, et l'exila. La lettre de cachet lancée contre l'abbé Georgel ne fut point révoquée; mais il obtint, par le crédit du duc du Châtelet,

(1) Dans ce mandement le public croyoit apercevoir le cardinal de Rohan sous l'image de Saint-Pierre dans les liens, et son grand-vicaire sous celle de son disciple Timothée. Cette pièce, assez courte, et toute corroborée de passages de l'Écriture, fit un bruit incroyable; chacun vouloit l'avoir pour la commenter à sa manière, et, pendant plusieurs jours, la porte de l'abbé Georgel fut assiégée par les curieux avides de la lire. (*Voyez* les Mémoires de Bachaumont.)

et malgré les efforts du baron de Breteuil, que le lieu de son exil seroit changé, et qu'il lui seroit permis de se retirer à Bruyères, sa ville natale.

Cet exil n'eut rien de désagréable pour un homme désabusé des grandeurs et dégoûté du tumulte du grand monde; il trouva le bonheur au sein de sa famille et au milieu d'anciens amis. Il avoit rompu tout commerce avec le cardinal, près duquel il avoit été desservi par un certain abbé Juncker, intrigant qui s'étoit faufilé dans la famille de Rohan par la recommandation de l'abbé Georgel lui-même, en raison du zèle et de l'intelligence qu'il avoit déployés dans l'affaire du collier. Il l'avoit désigné comme capable de le suppléer en son absence dans les fonctions de vicaire-général.

Celui-ci trouva que la place étoit bonne à garder. Pour écarter toute concurrence, il insinua au cardinal que l'abbé Georgel avoit été d'accord avec le baron de Breteuil pour le faire exiler, afin d'être lui-même plus indépendant et plus libre dans l'administration de la grande-aumônerie, dans celle des Quinze-Vingts, et dans les arrangemens qu'il vouloit prendre avec les créanciers du prince, arrangemens qui avoient déplu à ce dernier, parce qu'ils mettoient de grandes restrictions à ses profusions (1).

---

(1) Le cardinal de Rohan étoit tellement prodigue, qu'ayant le plus riche évêché de la chrétienté, d'un revenu, dit-on, de six cent mille francs de rente, et en outre plusieurs riches abbayes, il contractoit néanmoins encore des dettes. Son abbaye de Saint-Waast étoit d'un si grand rapport, que, si l'on en croit M. de Levis, les moines lui offrirent mille louis par mois pour sa part, comme abbé, et qu'il refusa cette somme, prétendant qu'elle étoit inférieure à celle qu'il avoit droit de percevoir. Du reste, la prodigalité sembloit être héréditaire dans cette famille, et ses parens qui avoient également de très-grands biens, n'en avoient pas moins de très-grosses dettes, puisque l'un d'eux

Le cardinal, oubliant les services signalés et le dévouement généreux d'un homme qui s'étoit immolé pour le sauver, garda avec lui un silence injurieux après sa sortie de la Bastille, et ne daigna pas répondre à plusieurs de ses lettres L'abbé Georgel, tout en plaignant la légèreté et l'erreur de son ancien ami, crut qu'il seroit au-dessous de lui d'entrer dans la justification de sa conduite, persuadé qu'il reviendroit tôt ou tard de ses injustes préventions C'est ce qui arriva dans la suite, et le cardinal lui avoua avec franchise et regret les menées employées pour le perdre dans son esprit.

La révolution vint enlever l'abbé Georgel à l'existence agréable et paisible qu'il s'étoit formée à Bruyères. Il fut arraché, en 1793, au séjour charmant qu'il avoit embelli avec tant d'affection : déporté en Suisse, il alla s'établir à Fribourg, en Brisgaw. Là, séparé, pour ainsi dire, de toute la terre, partageant ses momens entre l'étude et des exercices de piété, il commença, en 1794, à revoir et à mettre en ordre les notes dans lesquelles il avoit consigné ses observations sur ceux des événemens de son temps auxquels il avoit eu quelque part, ou qu'il avoit le mieux connus. C'est de ces matériaux qu'il a formé les mémoires qu'on livre aujourd'hui au public.

En 1799 il fut jeté de nouveau dans le tourbillon des affaires et de la politique; il étoit alors âgé de soixante-dix ans. La prise de Malte par Bonaparte menaçoit d'une destruction prochaine l'ordre de Saint-Jean-de-Jérusalem. Le grand-prieuré de Russie, pour le sauver du

---

a donné le scandale d'une banqueroute énorme. Toutefois la conduite du cardinal a été très-sage et très-régulière dans les dernières années de sa vie : retiré dans sa petite souveraineté, au delà du Rhin, il s'est appliqué à effacer par des actes de bienfaisance les torts de sa jeunesse.

naufrage, offrit la grande-maîtrise de cet ordre à l'empereur Paul Ier., qui l'accepta. Le grand-prieuré d'Allemagne résolut d'en faire autant, et d'envoyer une députation à ce puissant monarque pour lui faire hommage de son obéissance. L'abbé Georgel fut adjoint à cette députation, et chargé de concourir à la rédaction des lettres et mémoires qui seroient jugés nécessaires pour le succès de la négociation. Après un long et pénible voyage, il arriva dans la capitale de la Russie. Là un nouveau théâtre s'offrit à ses observations; là il vit de près le colosse de ce grand empire du Nord, son chef et sa cour, la forme de son gouvernement, le caractère et les mœurs de ses habitans; là il vit la politique s'agiter, des alliances se dissoudre pour en contracter de nouvelles, la dynastie des Bourbons abandonnée, et le pouvoir de Bonaparte affermi; là il vit les ministres et les grands de cet empire, les ambassadeurs étrangers et les émigrés de marque qu'une généreuse hospitalité y avoit attirés. Ce nouveau spectacle fit une vive impression sur son esprit; et à son retour il en consigna les détails les plus intéressans dans la relation de son voyage qui forme la dernière partie de ses mémoires. Il reçut l'accueil le plus distingué de tous ces éminens personnages, et il obtint des bontés de sa majesté impériale une bulle qui l'autorisoit à porter, comme agrégé à l'ordre de Malte, la croix de Saint-Jean-de-Jérusalem, avec une pension de cent ducats sur le grand-prieuré d'Allemagne. La considération dont il jouissoit le fit même charger d'une mission auprès du comte de Cobentzel, ambassadeur d'Autriche en Russie, pour sonder les dispositions de son cabinet, et resserrer, s'il étoit possible, les liens de l'alliance de la cour de Vienne avec la Russie, qui commençoient à se relâcher. A la suite de cette négociation, qui n'eut aucun succès, l'empereur Paul rompit avec l'Autriche, renvoya l'ambassadeur Cobentzel, et fit rentrer ses troupes dans ses États.

Quoique l'abbé Georgel fût septuagénaire lorsqu'il entreprit la rédaction de son voyage, néanmoins on y aperçoit la même vigueur d'esprit, et cette finesse d'observation qui caractérise ses autres écrits (1). On y admire une longue galerie de portraits coloriés avec un pinceau très-délicat; et bien que quelques-uns soient un peu flattés, on s'arrêtera toujours avec intérêt devant ceux de Paul Ier., de Souvarow, Rostopchin, Panin, Pahlen, Koutaisow, Dumourier, etc. (2). On y lira aussi avec plaisir quelques anecdotes sur la cour de Louis XVIII, à Mittau. On y verra que l'abbé Georgel fut parfaitement bien accueilli par le roi; mais qu'admis à l'audience de S. A. R. monseigneur le duc d'Angoulême, madame la duchesse avoit paru émue et son visage sensiblement altéré, lorsqu'elle entendit prononcer son nom, parce qu'il lui rappeloit la malheureuse affaire du collier, qui avoit empoisonné si cruellement les dernières années de la vie de sa mère. Cette circonstance fit abréger l'audience, et il se seroit bien gardé d'y paroître s'il avoit pu la prévoir.

Après un voyage de seize cents lieues et une absence d'onze mois, l'abbé Georgel étoit revenu à Fribourg, croyant y achever ses jours dans la retraite, lorsqu'un changement de système dans le gouvernement français

---

(1) Seulement il auroit pu être moins prodigue de détails gastronomiques, qui, quoique assez ordinaires à MM. les voyageurs, ne sont pas toujours très-intéressans pour les lecteurs, et ne devroient trouver place que dans les ouvrages de l'Apicius moderne, M. G. d. l. R.

(2) Je ne crois pas que le portrait flatteur qu'il fait de cet intrigant réunisse tous les suffrages. Le bizarre et sanguinaire Souvarow est aussi peint un peu trop en beau.

le rappela dans sa patrie. Il y retrouva son habitation chérie de Bruyères, où, exempt d'ambition, il devoit passer les derniers momens de sa vie. A la publication du concordat, le ministre des cultes, Portalis, lui proposa un évêché; mais il le refusa, soit par amour pour l'indépendance, soit par d'autres motifs. Cependant il ne put résister aux vives sollicitations de M. d'Osmont, évêque de Nanci, qui le détermina à accepter la place de provicaire-général de ce diocèse pour le département des Vosges. Il administra les affaires ecclésiastiques de ce département avec le zèle, la sagesse et l'intelligence qui avoient signalé son administration de la grande-aumônerie, et il sut à la fois se concilier l'estime et l'affection du peuple, du clergé et des autorités civiles.

Au mois de juillet 1813, l'abbé Georgel sentoit l'affoiblissement progressif de ses forces; il vit, pendant plusieurs mois, arriver le moment de sa dissolution avec une constance et une résignation dignes d'un philosophe chrétien, et il expira le 14 novembre de la même année, âgé de quatre-vingt-trois ans.

Cette longue carrière a été remplie par la vie la plus active et la plus laborieuse; et bien différent de ces hommes qui semblent ne passer sur la terre que pour la surcharger du poids de leur inutile existence, l'abbé Georgel a constamment occupé la sienne par d'utiles travaux. Chargé du temporel et du spirituel de différentes administrations civiles et ecclésiastiques, il savoit suffire à tout par un emploi sagement réglé de son temps. Doué d'une robuste constitution, la force de son corps égaloit l'activité de son ame. Certes, il est à regretter que ses grandes occupations aient absorbé tous ses momens, et qu'il ne se soit pas livré exclusivement à la culture des lettres. Nourri de la saine doctrine qu'il avoit puisée à l'école d'une société célèbre, né avec les plus brillantes dispositions et une tête assez vaste pour embrasser à la fois plusieurs genres de connoissances humaines, il auroit enrichi la littérature de nombreux ouvrages (1). Toutefois celui qu'il a déposé sur sa tombe fait le plus grand honneur à son talent, et s'il n'est pas toujours marqué au coin d'une sévère impartialité, il est du moins empreint du sceau du génie. La vérité m'oblige de le dire, souvent l'auteur a vu les hommes et les choses à travers le prisme de ses passions, et l'impartiale postérité lui reprochera les portraits hideux qu'il a faits de certains personnages qui, pour avoir suivi une autre route, n'en ont pas été moins dignes d'estime et de considération. Ces portraits plairont à ceux dont les yeux sont encore fascinés par l'aveugle esprit de parti; mais l'homme sage et juste en gémira, et, tout en admirant le pinceau du peintre, ne pourra s'empêcher de blâmer le mauvais usage de son talent.

Immédiatement après la mort de l'abbé Georgel, la police de Bonaparte s'étoit emparée du manuscrit de ses mémoires, et en avoit ordonné le dépôt dans les archives du ministère des relations extérieures, comme si elle avoit eu le droit de *préhension* sur tous les ouvrages qui traitent de politique. Mais depuis la restauration, cet acte injuste et arbitraire a été réparé, et le roi a bien voulu faire restituer à la famille de l'auteur une propriété qui ne pouvoit être violée que par la tyrannie.

(1) La variété des connoissances de l'abbé Georgel étoit vraiment étonnante; les morceaux de ses mémoires les mieux frappés sont ceux relatifs à la diplomatie; on voit que l'auteur avoit profité des excellentes leçons de son ami, le savant diplomate Favier.

PARIS, de l'Imprimerie d'IMBERT, rue-de-la Vieille-Monnaie, n°. 12.

www.ingramcontent.com/pod-product-compliance
Ingram Content Group UK Ltd.
Pitfield, Milton Keynes, MK11 3LW, UK
UKHW020230180726
13838UKWH00005B/2310